roman rouge

Dominique et Compagnie

Sous la direction de

Yvon Brochu

Anique Poitras

Isidor Suzor

Illustrations

Céline Malépart

Données de catalogage avant publication (Canada)

Poitras, Anique
Anique - Isidor Suzor
(Roman rouge)
Pour enfants de 6 ans et plus

ISBN 2-89512-273-3

I. Malépart, Céline. II. Titre.

PS8581.O243A84 2002 jC843'.54 C2001-941925-2
PS9581.O243A84 2002
PZ23.P64An 2002

Dépôts légaux : 3e trimestre 2002
Bibliothèque nationale du Québec
Bibliothèque nationale du Canada
Bibliothèque nationale de France

ISBN 2-89512-273-3

Imprimé au Canada

10 9 8 7 6 5 4 3 2 1

Direction de la collection :
Yvon Brochu, R-D création enr.
Éditrice : Dominique Payette
Direction artistique et
graphisme : Primeau & Barey
Révision-correction :
Martine Latulippe

Dominique et compagnie
300, rue Arran
Saint-Lambert (Québec) J4R 1K5
Téléphone : (514) 875-0327
Télécopieur : (450) 672-5448
Courriel :
dominiqueetcie@editionsheritage.com

Nous remercions le Conseil des Arts du Canada de l'aide accordée à notre programme de publication, ainsi que la SODEC et le ministère du Patrimoine canadien.

Gouvernement du Québec –
Programme de crédit d'impôt pour
l'édition de livres – SODEC

À la mémoire de
Claudio Bourassa,
que je n'ai jamais
appelé grand-papa,
et qui fut pourtant
le plus merveilleux
des grands-pères

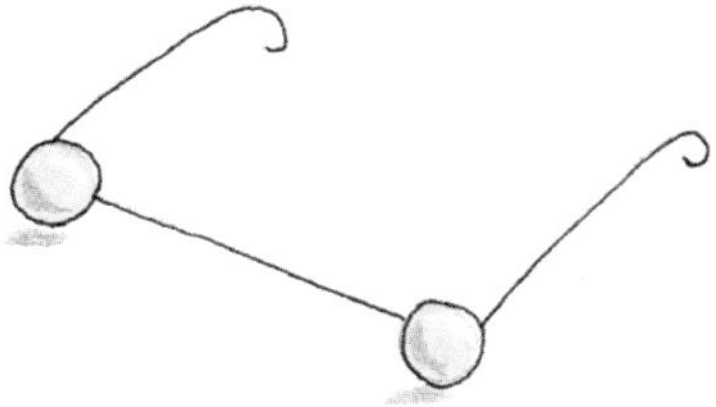

Chapitre 1

Le mystérieux Isidor Suzor

Je m'appelle Anique. J'habite un village semblable à des milliers d'autres sur cette planète. Un sculpteur célèbre habite ce même village : Isidor Suzor. Mon père, ma mère, ma maîtresse, la directrice de l'école affirment tous qu'il fabrique les plus belles statues de femmes du monde entier.

Isidor Suzor ne sort jamais de sa maison. Il n'accorde jamais d'entrevues et ne se laisse jamais photographier. Une étrange rumeur court à son sujet. Certaines personnes disent que l'artiste se cache parce qu'il est laid et qu'il déteste les êtres humains. D'autres jurent qu'Isidor Suzor est un monstre. Au village, tous les gens parlent de monsieur Suzor, mais personne ne l'a vu. Ces racontars m'intriguent.

Je veux en avoir le cœur net ! Sur-le-champ, je décide d'aller vérifier.

Je lance à mes parents :

– À plus tard !

– Où vas-tu, Anique ? me demande ma mère.

– Éclaircir le mystère du monstre Suzor.

Maman s'étouffe avec une bouchée de céréales, la crache et tache son beau peignoir de soie. Papa laisse tomber ses mots croisés, l'air inquiet. Ma rencontre avec un dragon a beaucoup ébranlé

mes parents. Ils ne m'en parlent jamais mais, depuis, ils me prennent davantage au sérieux.

– Tu veux que je t'accompagne ? me demandent-ils en même temps.

Avec assurance, je réponds :

– Non, merci !

J'embrasse mes parents et je pars, le cœur joyeux. En traversant le village, je chantonne.

Monsieur Suzor habite au bout d'une rue qui se termine en cul-de-sac. Sa petite maison à la façade étroite est cachée au fond d'un jardin laissé à l'abandon. Aucune fenêtre ne laisse percer la lumière du jour. Jamais.

Arrivée à destination, j'arrête de chantonner. Mon cœur bat un peu plus vite. Je me demande : « Et si Isidor Suzor était vraiment un monstre ? » Je me rappelle que je suis brave. Et je me dis à voix haute : « Qui ne risque rien n'a rien ! »

Je frappe trois coups à la porte. J'attends. Pas de réponse. Déçue, je m'assois dans l'escalier. Je ne peux tout de même pas briser une vitre et entrer comme une voleuse !

Je me lève. Je frappe à nouveau. J'attends encore. Il ne se passe toujours rien. Je me rassois, frustrée.

Je passe l'avant-midi à faire des allers-retours entre la porte et l'escalier. Sans résultat. Moi, petite Anique, j'ai affronté un dragon

sans perdre mon sang-froid, et je m'en suis même fait un ami... Et voilà qu'un être soi-disant monstrueux refuse de me recevoir ! Je suis en colère ! Une grosse colère rouge vif ! Et mon ventre crie famine. Je me relève, décidée à rentrer chez moi.

En posant le pied sur la dernière marche, j'entends un tout petit bruit provenant d'une fenêtre. Je me retourne. Une main referme le coin du store qui avait été soulevé.

Je remonte en vitesse et cogne à grands coups de poing sur la porte. Aucune réponse. Je repars en tapant du pied. Je reviendrai… armée, cette fois !

Chapitre 2

Armée jusqu'au cœur

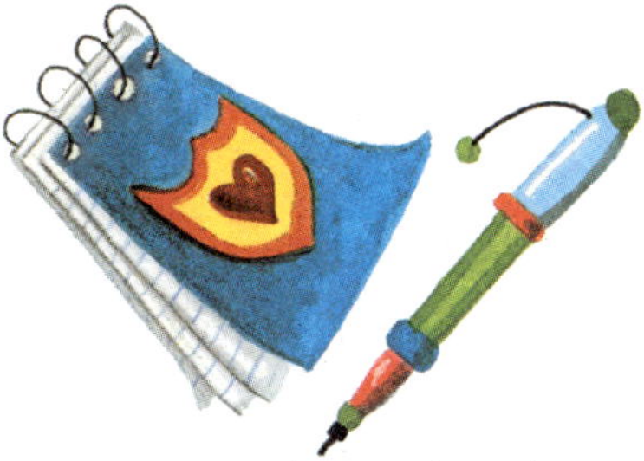

Je retourne chez Isidor Suzor. Sans même frapper à sa porte, je m'assois dans l'escalier. Puis je sors mes armes de ma poche : un calepin et un crayon. Je m'applique pour écrire : *Monsieur Suzor, pourquoi refusez-vous de m'ouvrir ?*

J'arrache la feuille de mon calepin et la glisse sous la porte.

J'attends. Le temps passe. Un peu, beaucoup. Beaucoup trop. Le soleil s'apprête à se coucher. Il commence à faire froid. Je cogne des clous. Je lutte contre le sommeil de toutes mes forces. Vaincue, je m'endors, la tête sur le perron. Une porte se ferme. Je dois rêver.

Tout à coup, une voix que je reconnais me dit :

– Allez, viens !

J'ouvre les yeux. Papa retire la couverture qui me tenait au chaud. Il la plie et la dépose sur le perron. Une couverture ? En une fraction de seconde, je retrouve ma vivacité d'esprit. Je n'ai pas rêvé au bruit de la porte. Monsieur Suzor a déposé cette courtepointe sur moi pour que je n'aie pas froid. Je jette un coup d'œil en direction de la fenêtre. Le store est entrouvert.

Je dis à mon père :

– Attends !

Je reviens sur mes pas. Sur le perron, il y a une enveloppe. Il fait trop noir pour que je puisse voir ce qui est écrit dessus. Très énervée, je marche d'un pas rapide. J'ai si hâte de connaître le contenu de cette enveloppe !

Petite fille,

J'ai le cœur si dur qu'on ne peut plus rien y sculpter.

I. S.

Le lendemain, je ne me rends pas directement à l'école. Je fais un détour par la maison d'Isidor Suzor. J'y dépose mon deuxième message :

Monsieur Suzor,

Que voulez-vous dire ?

Anique

Ensuite, je poursuis mon chemin jusqu'à l'école.

Avant de rentrer chez moi, je vais à nouveau chez le sculpteur. Une enveloppe m'attend devant la porte. Je m'empresse de l'ouvrir. Sur un carton, il est écrit en lettres majuscules :

IL N'Y AURA JAMAIS PLUS D'AMOUR DANS MON CŒUR.

Je prends mon étui à crayons dans mon sac d'école, l'ouvre et m'empare d'un porte-mine. J'écris au dos de la carte :

Je ne vous crois pas !

Anique

Je glisse l'enveloppe sous la porte. J'attends. Monsieur Suzor ne me fait aucun signe. Je regarde à la fenêtre. Le store est fermé. Je m'en vais chez moi, la tristesse collée à mes talons.

Chapitre 3

Le cadeau

Le lendemain matin, en enfilant mes pantoufles, je retrouve ma tristesse. Une grosse tristesse noire.

À l'école, je n'ai pas beaucoup d'entrain. Je suis dans la lune. À plusieurs reprises la maîtresse doit me ramener sur terre.

Cette fois, elle dit :

– C'est l'heure du bricolage.

Je regarde la boule de glaise qu'elle a déposée sur mon pupitre. Tout à coup, je suis très inspirée.

Un sourire s'installe sur mon visage. Je me dis à voix haute : « À nous deux, monsieur Suzor ! »

La maîtresse me regarde, l'air intrigué.

Je dépose le joli paquet devant la porte du célèbre sculpteur. Je frappe trois petits coups. La main soulève le coin du store de la fenêtre. Dois-je partir ou rester ?

La porte d'entrée s'entrouvre. Mon cœur s'emballe. Une main prend le cadeau. La porte se referme, mais pas complètement. J'entends monsieur Suzor défaire le ruban, puis retirer le papier d'emballage. Il renifle maintenant doucement derrière la porte. Tout doucement.

– Entre, me dit-il.

Isidor Suzor est devant moi. Il est complètement chamboulé par le cadeau que je lui ai fabriqué : un cœur d'argile encore tendre sur lequel j'ai gravé : *Pour Isidor Suzor.*

– C'est si joli, si joli ! Merci beaucoup, petite Anique.

Son regard est d'une grande douceur. Une toute petite larme coule au ralenti sur sa joue ridée.

Je lui souris. Monsieur Suzor me sourit à son tour. À ce moment, je remarque qu'Isidor Suzor est... moitié homme et moitié cheval. Il s'en aperçoit. Son sourire disparaît.

–Je suis un centaure, me dit-il, l'air gêné.

Aussitôt, je m'exclame en pointant mes cheveux du doigt :

– Qu'est-ce que ça peut faire que vous ayez quatre pattes au lieu de deux jambes ? Moi, j'ai une queue-de-cheval et je suis têtue comme une mule !

Nous éclatons de rire en même temps. Mon fou rire est si grand que j'en ai des crampes dans le ventre. Monsieur Suzor cesse de rire brusquement. Il passe une main dans ses cheveux blancs, l'air songeur.

– Dans ma jeunesse, j'ai aimé une femme à la folie. Noëlla était modèle à l'école des Beaux-Arts. Caché derrière mon chevalet, je la dessinais. Elle ne voyait que mon visage. Ses grands yeux pleins d'étincelles me laissaient croire que cet amour était partagé. J'étais si heureux ! Un jour, Noëlla a découvert que j'étais un centaure. Elle est devenue de marbre avec moi. Depuis ce jour-là, je me suis retiré du monde. Enfermé dans mon atelier, j'ai sculpté des Noëlla de marbre.

Isidor Suzor interrompt ses confidences, l'air perdu dans ses souvenirs. Il murmure : « Mon amour, ma muse ! »

Un bruit de pas dans l'escalier nous fait sursauter. La porte d'entrée est restée entrouverte. Dans l'embrasure, mon père se fige sur

place en nous voyant. Isidor recule pour échapper à son regard stupéfait.

– Allez-vous-en ! crie le sculpteur.

Je demande à papa de m'attendre dehors. Je fais un pas en

direction du centaure, mais il me lance sur un ton glacial :

– Va-t'en, toi aussi !

La froideur de monsieur Suzor me fait beaucoup de peine. Je sais qu'il est très fâché parce que mon père l'a vu. Mais ce n'est pas ma faute ! C'est injuste !

Je retrouve mon père sur le perron. Nous marchons jusqu'à la maison, mal à l'aise tous les deux. Avant d'entrer, je dis :

– Papa...

Je n'ai pas le temps de formuler ma question. Mon père me chuchote à l'oreille :

– Ne t'inquiète pas, Anique, je ne dirai rien.

Sa réponse me soulage un peu.

Chapitre 4

Le secret

Le lendemain matin, je retourne chez Isidor Suzor. Je frappe à sa porte. Il ne m'ouvre pas. J'ai envie de lui écrire : *J'ai le cœur lourd comme un bloc de béton.* Tout à coup, une enveloppe apparaît sous la porte. Je me dépêche de l'ouvrir :

Anique,

Ne reviens pas avant que je te fasse signe.

Isidor

Je regarde en direction de la fenêtre. Le store reste fermé.

Les jours et les semaines passent. Je suis toujours sans nouvelles de monsieur Suzor. À plusieurs reprises, je suis tentée d'aller frapper à sa porte. Je ne le fais pas, mais j'ai bien du mal à résister à la tentation.

Un après-midi, maman me dit :

– Anique, on te demande au téléphone.

Au bout du fil, la voix du centaure. Isidor Suzor ne prononce qu'un mot :

– Viens !

Les battements de mon cœur s'accélèrent. Je pars... au galop !

–Moi aussi, j'ai un cadeau pour toi, me dit monsieur Suzor.

Il m'invite à le suivre dans son atelier. Aux quatre coins de la pièce, il y a des dizaines et des dizaines de statues de femmes.

–Mes Noëlla de marbre, me dit le centaure.

–Noëlla est vraiment, vraiment belle.

–À mes yeux, elle l'était.

Le sculpteur me prend la main et m'entraîne jusqu'au centre de la pièce. Un drap recouvre quelque chose de très, très grand.

Isidor Suzor me regarde avec beaucoup d'attention.

– Anique, promets-moi de garder le secret tant que je vivrai.

Très excitée, je lui réponds :

– Je tiendrai ma langue, je vous le jure !

Un grand sourire éclaire le visage du vieux centaure. Avec délicatesse, il retire le drap. Les larmes me montent aux yeux. Je suis tellement émue. Tellement... surprise et contente !

Monsieur Suzor, l'air très coquin, ajoute :

– Un cadeau peut en cacher un autre, tu sais !

Chapitre 5

Un cadeau peut en cacher un autre... et un autre

Depuis le début de cette fabuleuse amitié, j'ai grandi. Je n'habite plus le village de mon enfance, mais j'y retourne souvent. Je sais, vous voulez savoir quel est ce mystérieux cadeau que m'a offert Isidor Suzor... Vous avez peut-être entendu parler de la célèbre statue *Le centaure et la petite fille*? C'est la dernière œuvre du grand sculpteur. Elle se trouve dans le jardin de la maison qu'il habitait. Elle n'est pas en marbre, mais en argile. Ce n'est pas une statue de Noëlla. La petite fille, c'est moi. « Un cadeau peut en cacher un autre », m'a dit le vieux centaure. C'est vrai : à l'intérieur de la statue, il y a le cœur que je lui ai donné.

Cette sculpture est signée *Isidor Suzor, centaure.* Bien entendu, elle intrigue beaucoup. Le sculpteur était-il vraiment un centaure ? Plusieurs personnes en sont convaincues. D'autres affirment que c'est une légende.

Aujourd'hui, les visiteurs viennent de partout à travers le monde pour admirer le chef-d'œuvre. Si on appuie l'oreille contre la poitrine du

centaure, et si on écoute bien, on peut entendre battre son cœur. Personne n'a jamais réussi à expliquer le phénomène de ces battements. Même pas les plus grands savants.

Moi, petite Anique, devenue grande et écrivaine, je vous assure que cette histoire est vraie. Je ne l'ai pas écrite avant pour tenir la promesse que j'avais faite à mon vieil ami. À présent qu'Isidor

Suzor nous a quittés, je veux que le monde entier sache que ce grand artiste était aussi un être merveilleux.

Bien sûr, plusieurs de mes lecteurs croiront que c'est une histoire inventée par une romancière. Tant pis pour eux ! Si un jour ils passent par mon village, qu'ils aillent écouter battre ce cœur d'argile... Ils m'en donneront des nouvelles !

Dans la même collection

1 **Lancelot, le dragon (Anique)**
Anique Poitras

2 **David et le Fantôme**
François Gravel

3 **David et les monstres de la forêt**
François Gravel

4 **Le petit musicien**
Gilles Tibo

5 **Sauvez Henri !**
Yvon Brochu

6 **David et le précipice**
François Gravel

7 **Le sixième arrêt (Somerset)**
Hélène Vachon

8 **Le petit avion jaune (Léonie)**
Mireille Villeneuve

9 **Choupette et son petit papa**
Gilles Tibo

10 **David et la maison de la sorcière**
François Gravel

11 **J'ai un beau château (Peccadille)**
Marie-Francine Hébert